았어요.

'갑자기 왜 그러지? 같이 축구 안 하고, 놀러 안 가서 진짜 화났나? 아니야, 다른 일일지도 몰라. 무슨 일인지 물어볼까?'

은솔이가 안절부절못하는 사이, 선생님이 들어왔어요.

"주말 동안 잘 먹고 잘 자고 잘 지냈지? 1교시는 합동 체육 시간이니까 정리하고 운동장에 모여라. 3반이랑 축구 연습 경기를 할 거다. 참, 금요일에 본 시험지를 나누어 줄 테니 이름 부르면 한 명씩 나와서 가져가렴. 점수가 이상하면 말하고, 수요일까지 부모님 확인받아 오너라."

"쳇, 시합 전에 줄 게 뭐람."

장수가 중얼거렸어요.

축구라면 자다가도 발딱 일어나 달려 나오는 장수지만, 이번에는 신이 나지 않았어요. 엄마 잔소리가 폭발할 게 뻔했거든요. 장수는 시험지를 받자마자 가방에 구겨 넣었어요. 그러고는 애꿎은 의자 다리만 툭툭 찼지요.

장수는 느릿느릿 운동장으로 향했어요. 조금 뒤에서 우진이가 더 느릿느릿 걸었어요. 축구는 우진이 생각처럼 만만하지 않았어요. 축구 게임을 잘하는 거랑 코딱지만큼도 상관이 없었고요. 게다가 주말 동안 늘어난 거라곤 몸 여기저기 생긴 멍자국이랑 파스뿐이라 기운이 나지 않았어요. 은솔이 걸음은 더 느렸어요. 어느새 교실에는 미경이랑 은솔이만 남았어요. 은솔이는 미경이 자리 근처에서 머뭇거렸어요. 기다렸다는 듯이 미경이가 버럭 소리를 질렀어요.

"야, 너 정말 그러기야? 토요일에는 우진이랑 축구 연습하고, 오늘 아침에도 같이 오고. 내가 하자고 할 때는 하나도 안 했으면서. 트램펄린도 우진이랑 갔지? 너네 사귀냐?"

미경이가 씩씩거렸어요. 은솔이는 펄쩍 뛰었지요.

"아니야! 우진이는 내 사촌이야. 애들이 알면 귀찮다고 비밀로 해 달래서 말 안 했어. 또 축구랑 트램펄린은 넘어질까

봐 안 한다고 한 거야. 그리고 우진이랑 축구 연습한 건 후보 선수 하려고 그랬어. 열심히 연습한 다음에 깜짝 놀라게 해 주려고 했는데…… 잘 안 됐어."

은솔이 말이 길어질수록 미경이 눈이 따라서 커졌어요. 말이 끝났을 때는 입까지 쩍 벌어졌지요.

"박우진이랑 친척이라고? 말도 안 돼. 참, 진짜 축구 선수 할 거야? 우아, 잘됐다. 그래도 너무했어. 그것도 모르고 나 혼자 고민했잖아. 이제는 다 말하기야. 알았지? 운동은 나랑 같이하자. 열심히 뛰어놀다 보면 저절로 돼. 뛰는 거 힘들면 산책하자."

"응."

은솔이가 웃었어요. 미경이도 따라 활짝 웃었지요. 둘은 손을 잡고 나란히 운동장으로 갔어요. 운동장에는 이미 아이들로 가득했어요. 5반과 3반 아이들이 서로 이기겠다며 기 싸움을 하고 있었지요.

삑!

선생님이 호루라기를 불자, 각 반 선수가 공 쪽으로 달려들었어요. 장수가 먼저 공을 잡았어요. 5반 응원단이 발을 구르며 응원했어요.

"뛰어!"

장수가 외쳤어요.

장수는 드리블하면서 둘레를 빠르게 훑어보았어요. 3반 선수를 두 명이나 따돌리고 골대로 뛰었지요. 뻥! 장수가 골대 근처에 있는 5반 선수에게 공을 찼어요. 하필 우진이가 있는 자리였지요. 공이 곧장 우진이에게 굴러왔어요.

"어, 어! 이얍!"

우진이가 서둘러 발길질을 했지만, 공은 우진이 다리 사이를 빠져나갔어요. 발야구를 할 때 같은 행운은 일어나지 않았지요.

"박우진! 장난해?"

장수가 고함을 쳤어요.

그 바람에 달리는 아이들도, 응원하는 아이들도 우진이를 보았어요. 우진이는 부끄럽고 화가 났지만 꾹 참고 공을 쫓아 달려갔어요. 하지만 공은 이미 3반 차지가 된 후였어요. 3반은 순식간에 골대까지 달려가 골을 넣었어요. 3반 응원석이 들썩였어요. 5반 응원석에서는 "에이." 하고 김빠지는 소리가 났고요. 장수가 땅바닥을 냅다 찼어요. 발끝에서 모래 먼지가 뽀얗게 피어올랐어요.

"에잇! 공을 준 내가 바보지."

그때부터였어요. 장수는 아무에게도 공을 패스하지 않았어요. 공을 잡으면 혼자서 이리 뛰고 저리 뛰고 했지요. 하지만 우르르 몰려드는 3반 수비수에게 걸려 번번이 공을 빼앗겼어요. 결국 3반에 2대 0으로 지고 말았지요.

장수 얼굴이 누르락푸르락했어요. 축구만큼은 자신 있었는데 완벽하게 졌으니까요. 수업이 끝날 때까지 장수는 계속 씩씩댔어요. 그러더니 다짜고짜 말했어요.

"축구 선수는 모두 남아. 연습할 거야."

"잠깐만. 나는……."

미경이가 안 된다고 말하려는데, 장수가 말을 뚝 자르고 끼어들었어요.

"선생님! 남아서 축구 연습해도 되지요?"

"물론이지. 기특한 생각을 했구나. 역시, 주장다운걸. 단체 경기는 무엇보다 호흡이 중요하니까 함께 연습할수록 실력이 좋아질 거야. 파이팅!"

선생님이 축구 선수를 한 명씩 죽 돌아보며 말했어요. 이렇게 해서 축구 선수들은 꼼짝없이 연습을 하게 됐어요. 우진이는 부아가 나서 이를 북북 갈았어요. 3반이랑 한 시합을 생각하니 얼굴이 다시 뜨끈해졌지요. 그런데 장수는 시합 때보다 더 마음대로였어요.

뛰어라, 막아라, 돌아라, 왼쪽으로 가라, 오른쪽으로 가라……. 숨도 안 쉬고 명령을 했지요.

"어휴, 답답해. 야, 수비는 수비 자리에 있어야지. 그렇게 공만 쫓아가면 어떻게 하냐? 그러니까 3반한테 두 골이나 먹은 거잖아."

장수가 고봉이에게 고함을 쳤어요.

"네가 뛰라고 했잖아."

공을 따라 뛰어가던 고봉이가 머쓱해져 뒤통수를 벅벅 긁었어요. 그러고는 자기 자리로 돌아갔지요.

"가만있으면 어떡해. 허수아비야? 빨리 뛰란 말이야."

"뛰지 말고 자리에 있으라며?"

고봉이가 억울한 듯 대꾸했어요.

"수비는 해야지! 박우진, 너도 더 빨리 뛰어. 그렇게 느리니까 공을 빼앗기잖아."

이번에는 불똥이 우진이에게 튀었어요. 우진이는 더 참지 못하고 버럭 화를 냈어요.

"이장수, 그만해. 네가 주장이지, 독불장군이냐? 그렇게 잘하면 너 혼자 해! 왜 우리더러 이래라저래라 해?"

"맞아. 기분 나빠. 계속 소리 지르고 명령만 하잖아. 우리가 네 졸병이냐?"

미경이가 앙칼지게 말했어요.

"나는 잘하고 싶은데, 자꾸 화를 내니까 더 못하겠어."

고봉이가 말했어요.

물꼬가 터지듯 불평하는 소리가 한꺼번에 쏟아졌어요. 장수가 놀라 뒤로 주춤주춤 물러났어요. 열 명의 아이들이 자신을 보고 있었어요. 그중에는 만날 같이 다니던 고봉이랑 건이도 있었지요.

"쳇, 나도 안 해. 하기 싫으면 하지 마. 시합 따위 지든 말든 나도 신경 안 써."

장수가 말했어요.

그러고는 성큼성큼 운동장을 빠져나갔지요. 한 명, 두 명, 아이들도 뿔뿔이 흩어졌어요.

규칙도 배우고 사회성도 길러 주는 팀 경기

운동은 저마다 규칙이 있어요. 재미있고 유익한 경기를 위해 규칙을 지켜야만 해요. 규칙을 지키지 않으면 다치거나, 다툼이 생길 수 있어요. 그리고 규칙을 지키는 것이 몸에 익숙해지면 서로 존중하는 마음이 생기고, 자연스럽게 행동도 예의 바르게 하게 되지요.

팀 경기는 운동을 잘한다고 혼자서 욕심을 부리면 안 돼요. 서로 잘하는 것을 인정하고 도와야 시합에서도 좋은 성적을 낼 수 있어요.

팀 경기처럼 여럿이 하는 운동은 팀원끼리의 호흡이 중요해요. 서로 협력하고 양보해야 하지요. 이렇게 경기를 하면서 상대방을 이해하는 마음이 생기면 친구들과 다투는 일이 줄어들고 더욱 사이좋게 지낼 수 있어요.

팀 경기를 하면, 우리가 사회 생활할 때 필요한 마음가짐이나 인성을 자연스럽게 배우게 돼. 서로를 위한 양보와 배려, 참을성, 협동심, 이해심이 있어야 팀 경기를 잘할 수 있거든. 처음에는 조금 불편하고 어려울 수도 있지만, 함께 마음을 맞추려고 노력하면 관계가 돈독해지고 좋아질 거야.

혼자 하는 운동? 여럿이 하는 운동?

나는 조용히 혼자서 하는 운동이 좋아. 기술이나 기구가 없어도 쉽게 운동할 수 있어서 편하지.

➡ 줄넘기, 달리기 등.

나도 혼자 하는 운동이 좋지만, 기술을 배우면서 도전하는 운동이 좋아. 나는 나를 이기고 말 거야.

➡ 자전거, 수영, 스키, 인라인스케이트 등.

나는 짝꿍이랑 둘이 하는 운동이 좋아.

➡ 테니스, 탁구, 배드민턴 등.

내 실력을 발전시켜 주는 건 상대 팀이지. 단체 경기를 안 하는 운동은 팥 없는 찐빵이야.

➡ 축구, 야구, 피구, 농구, 발야구 등.

가끔 뛰는 것도 괜찮네

4학년 5반 교실은 며칠째 조용했어요. 체력 단련 대회도 축구 소리도 쏙 들어갔지요. 축구 연습은커녕 만날 축구를 하던 아이들도 축구 이야기는 꺼내지도 않았어요. 체육 시간도 몹시 조용했어요. 축구 연습을 할 때도 아이들은 겨우 뛰는 시늉

만 했어요. 헉헉대는 숨소리만 가끔 들릴 뿐이었지요. 응원하는 아이들은 투덜대다가 이내 그것도 그만두었어요.

그렇게 날짜만 더 지났어요.

"주장, 축구 연습은 잘돼 가고 있니? 오늘은 7반하고 연습 시합이 있다. 모두 실력 발휘를 해 봐. 다음 주부터 예선이니까 오늘은 실전처럼 하는 거다. 파이팅! 운동장에서 보자."

선생님이 말했어요.

여기저기서 픽픽 김빠지는 소리가 났어요. 5반 아이들은 끌려가는 소처럼 운동장으로 나갔어요.

시합이 시작되었어요.

장수가 아이들을 둘러보았어요. 하지만 모두 슬금슬금 피했지요. 고봉이도 건이도 마찬가지였어요.

"쳇, 너희가 안 하면 내가 못 할 줄 알고."

장수가 중얼거렸어요. 그러고는 막무가내로 공으로 덤벼들었지요. 한 명, 두 명, 세 명, 7반 수비수를 요리조리 피하며 장수가 한달음에 상대편 골대로 달려갔어요. 7반 아이가 재빨리 앞을 막자, 장수는 순간적으로 주위를 둘러보았어요. 대각선으로 다섯 걸음쯤 앞에 우진이가 있었어요. 하지만 장수는 못 본 척 지나쳤어요.

우진이도 고개를 팽 돌렸어요. '흥, 패스해도 안 받아. 공을 주면 내가 받을 줄 알고. 못 받으면 또 무슨 소리를 하려고! 한 번 당하지, 두 번 당하나.' 하고 생각했지요. 장수는 계속 공을 몰고 달려갔어요. 3반 아이들과 7반 아이들 사이를 뚫고 갔지요. 꼭 혼자서 스물한 명하고 시합하려는 듯이요. 하지만 제아무리 장수여도 혼자서는 아무것도 못 했어요. 번번이 7반에 공을 빼앗기고 말았지요.

"에잇!"

장수가 바닥을 걷어찼어요. 시합은 엉망진창으로 끝이 났어요. 3대 0으로 참패를 당했지요. 선생님은 말없이 그 모습을 지켜보았어요.

"7반은 들어가고 5반은 남아라."

선생님 목소리가 무겁게 가라앉았어요. 선생님이 잠시 사이를 두고 말을 이었어요.

"며칠 전에 투닥거리더니, 아직도 싸우는 모양이구나. 축구는 싸움이 아니라 스포츠야. 열한 명이 함께 하는 운동이지. 여럿이 하는 운동은 서로를 믿고 배려해야 해. 싸우고 모른 척하고 협동하지 않으면, 아무리 실력이 좋아도 또 질 거다. 열심히 하고도 지는 건 괜찮아. 하지만 오늘처럼 자기 하고 싶은 대로만 하는 건 안 돼. 기분이 나쁘다고 대충 하면 다른 사람에게 피해가 가니까. 단체 생활에는 희생도 각오해야 하는 거야. 응원하는 녀석들도 마찬가지야. 선수들이 엉망이어도 힘을 줘야지, 나 몰라라 하면 안 된다. 지금부터 배려와 협동심

키우기 특별 연습을 할 거다."

선생님은 둘씩 손을 잡으라고 했어요. 미경이랑 은솔이가 냉큼 손을 잡았어요. 시합 동안 서로 어깃장을 놓은 우진이랑 장수를 콕 집어서 짝을 지어 주었지요.

"10분 동안 짝 축구를 한다. 규칙은 딱 하나다. 손을 잡고 같이 뛰어서 골을 넣는 것. 잡은 손이 떨어지면 일주일 동안 운동장 청소 당번이다. 시작!"

아이들이 우르르 몰려갔어요. 장수와 우진이는 똑같이 인상을 썼어요. 겨우 손가락 끝만 잡고 어깃어깃 걸어갔지요.

"뛰지 않아도 청소 당번이다."

선생님 말에 장수랑 우진이도 뛰기 시작했어요. 그러면서 투닥투닥 실랑이를 했지요. 우진이가 "천천히 가." 하면 장수가 "축구는 뛰는 거거든." 하고, 장수가 "발 좀 맞춰." 하면 우진이가 "너나 맞춰." 했지요. 우진이랑 장수는 씩씩대고 헉헉대며 계속 말다툼을 했어요. 그러다가 급기야 뻥 터지고 말았어요. 우진이 다리가 꼬여 넘어질 뻔한 거예요.

"제대로 뛰지도 못하냐? 너 때문에 넘어질 뻔했잖아!"

"네가 빨리 뛰어 그런 거잖아. 왜 만날 네 맘대로야? 우리가 너한테 다 맞추어야 하냐? 저번 시합도, 연습 때도, 네가 소리 지르고 화내서 엉망이 된 거잖아."

"그땐 화가 났으니까 그랬지. 너는 30점짜리 시험지 받으면 화 안 나겠냐? 그렇다고 몽땅 편먹고 축구를 안 하는 게 어디 있냐? 치사하게."

"너 때문이잖아. 계속 못한다고 하면서 소리치는데 누가 하고 싶냐?"

"시험도 엉망이고 축구도 엉망이 됐는데, 당연히 기분 나쁘지. 거기다가 울 엄마가 또……. 됐어! 공부 잘하는 네가 뭘 알겠냐?"

"너는 알아? 내 몸이 내 맘대로 안 되는 기분을 아냐고! 처음 하는 축구 이만하면 됐지, 얼마나 더 잘하냐?"

"뭐?"

장수가 갑자기 멈추었어요. 그 바람에 장수랑 우진이가 한꺼번에 고꾸라졌어요. 숨을 몰아쉬며 장수가 우진이를 보았어요. 웃음이 터져 나왔어요.

"으하하, 잘난 척하더니 축구가 처음이라고?"

"쳇, 그래도 축구는 성적표에 안 나오거든."

우진이 말에 장수가 얼굴을 확 구겼어요.

"에잇, 그러네. 축구 과목은 왜 없어? 공부를 잘하면 칭찬해 주면서 운동을 잘하면 왜 칭찬을 안 해 주냐? 진짜 불공평해."

"그러게 귀찮고 힘들게 운동을 왜 하냐? 땀나지, 힘들지, 바보 같아."

"재미없게 공부는 왜 하냐? 졸리지, 어렵지, 바보 같아."

장수가 우진이 말을 따라 했어요. 우진이가 킥 웃었어요. 장수도 쿡 하고 웃음이 나왔어요. 속에 있는 말을 몽땅 하고 나니, 오히려 마음이 가뿐해졌어요. 그때, 멀리서 호루라기 소리가 들렸어요. 장수가 벌떡 일어났어요.

"야, 시합도 졌는데 운동장 청소까지 할 거야?"

"몰라. 더는 못 뛰어. 너무 뛰어서 다리가 자꾸 꼬인다고. 그냥 운동장 청소할 거야."

"난 싫거든. 선생님 보기 전에 빨리 일어나. 아니면 너 혼자 청소 다 해."

장수가 통을 놓으며 슬쩍 손을 내밀었어요. 우진이가 못 이기는 척 장수 손을 잡았어요. 둘은 나란히 달려갔어요. 마주 잡은 손이 땀이랑 흙으로 범벅되어 축축하고 까슬했어요. 조금 간지러운 것 같기도 했어요. 땀방울 때문인지 바람 때문인지 얼굴도 간지러웠지요. 그래서인지 자꾸만 비실비실 웃음이 나왔어요.

"후, 가끔 뛰는 것도 괜찮네."

"당연하지. 운동하면 엔돌이 나와서 기분이 좋아지거든."

"맙소사! 엔돌이 아니라 엔도르핀."

"어쨌든 가끔씩 말고 더 열심히 뛰어. 다음 시합에서는 꼭 이길 거야. 그리고 음…… 축구는 내, 내가 가르쳐 줄 테니까, 대신 네가 공, 공부 좀 알려 줘."

"뭐?"

우진이가 깜짝 놀라 되물었어요.

"그럼 공짠 줄 알았어? 엄마가 시험 점수 보고 축구 그만두

라고 했단 말이야. 그러니까 네가 울 엄마를 막는 수비수가 되는 거지. 1등이랑 공부한다고 하면 봐줄 거야. 기브 앤 테이큰 알지?"

"테이큰이 아니고, 테이크. 기브 앤 테이크. 앞날이 깜깜하네."

"나도 깜깜하거든."

장수랑 우진이가 운동장을 달려갔어요. 헉헉, 밭은 숨이 나왔어요. 뿐이에요? 땀도 나고 말도 술술 나오고 웃음도 키득키득 나왔지요.

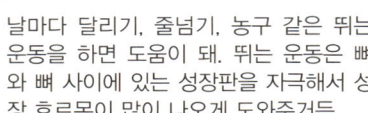

내 마음 고민을 풀어 주는 운동

장수랑 다투었더니 자꾸만 화가 나.

나는 친한 친구랑 사이가 멀어져서 속상해.

운동으로 마음속 스트레스를 풀어 봐! 운동을 하면 뇌가 활발하게 움직인단다. 뇌에서 엔도르핀이 나와 기분이 좋아지지. 운동을 하면 마음이 편안하고 개운해져.

너 때문에 축구에 졌어.

내가 아니라 너 때문이거든.

너희 둘은 축구를 더 열심히 해야겠구나. 여럿이 함께 운동하면 서로 배려하는 마음과 참을성을 배우게 될 거야.

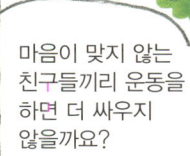

마음이 맞지 않는 친구들끼리 운동을 하면 더 싸우지 않을까요?

운동 규칙을 지키다 보면 배려하는 마음을 배우지. 두 명 이상 팀을 이뤄 하는 경기는 저마다 맡은 역할이 있어. 자기 역할을 잘하려면 다른 사람과 서로 돕고 배려하지 않으면 할 수가 없어. 운동은 자연스럽게 배려하는 마음을 갖게 해 주지.

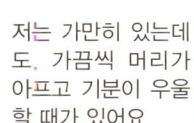

저는 가만히 있는데도, 가끔씩 머리가 아프고 기분이 우울할 때가 있어요.

운동을 하면 머리가 맑아지고 기분이 좋아져. 집중력과 기억력도 높아져서 공부도 잘되지. 운동을 할 때, 뇌에서 좋은 호르몬이 나와서 그래.

운동은 성취감과 자신감을 느끼게 해 줘. 운동을 처음 시작할 때 꾸준히 하는 것은 쉽지 않아. 하지만 힘들어도 꾹 참고 해내면 큰 만족감을 얻을 수 있단다!

이장수 표 대단한 운동

다음 날이에요.

수업이 끝나고 장수랑 우진이가 만났어요. 장수가 우진이에게 '이장수 표 대단한 운동'을 가르치는 참이에요. 우진이가 뚫어지게 쳐다보자, 장수는 어깨를 쫙 펴 가슴을 내밀고는 목청을 가다듬었어요.

"흠흠. 첫째, 잘 먹고 잘 자기. 둘째, 날마다 꾸준히 운동하기. 셋째, 잠자기 전에 스트레칭하기. 끝!"

"애걔, 끝이야?"

우진이가 소리쳤어요.

놀림을 받은 것 같기도 하고, 된통 속은 것 같아서 씩씩거렸지요.

"그럼, 운동이 뭐 대단한 건 줄 알았냐? 운동을 조금씩 꾸준히 하면 체력이 좋아지고, 체력이 좋아지면 운동 신경도 절로 생기는 거지. 아주 간단해."

"축구 기술은?"

"기술이 문제야? 굴러오는 공을 못 차는 게 문제지. 기초 체력부터 길러야 해. 천 길도 한 걸음부터라고."

장수가 큰소리를 땅땅 쳤어요.

"천 길이 아니라 천 리 길이야. 천 리 길도 한 걸음부터."

"지금부터 '이장수 표 대단한 운동' 연습을 시작하겠습니다. 연습 경기는 도둑 잡는 경찰입니다."

장수가 우스꽝스러운 목소리로 말했어요. 우진이 말은 못 들은 척 시침을 뚝 떼었지요.

"나는 도둑이고 너는 경찰이야. 잡을 테면 잡아 봐라!"

장수는 말을 끝내기 무섭게 냅다 도망을 쳤어요. 우진이는 멍하니 도망치는 장수를 보았고요. 운동을 가르쳐 준다고 하고는 뜬금없이 잡기 놀이라니 어이가 없었어요.

"그냥 뛰는 건 재미없잖아. 어차피 뛰는 건 똑같으니까, 빨리 잡아!"

장수가 저만치 달아나면서 소리쳤어요.

"아유, 운동도 꼭 자기처럼 한다니까. 내가 꼭 잡고 만다. 거기 서. 엉터리 운동 선생, 이장수 도둑아."

우진이가 장수를 잡으러 뛰어 갔어요. 장수는 계속 달아나고 우진이는 계속 쫓아 갔어요. 하지만 아무리 기를 써도 장수를 따라잡지

못했어요. 살살 약이 오르고 숨이 가빴지만 뛰고 있으니 어느새 머리가 개운해졌어요. 목 뒤로 흐르는 땀이 기분 좋았어요.

우진이가 놀이터 뒤 샛길을 지나갈 때예요. 갑자기 미경이가 툭 튀어나와 길을 가로막았어요.

"악!"

우진이가 비명을 질렀어요.

"내가 도깨비야, 귀신이야? 뭘 그렇게 놀라?"

"진짜 깜짝 놀랐네. 저리 비켜. 지금 특별 운동 중이야. 축구 선수끼리……."

"축구 선수? 잘됐다, 나도 할래. 나도 축구 선수거든!"

미경이가 말했어요.

나무 뒤에서 은솔이가 튀어나오며 맞장구를 쳤어요.

"나도 후보 선수야. 그러니까 나도 끼워 줘."

그때, 멀리서 장수 목소리가 들렸어요.

"야, 박우진 어디 있냐? 나 안 잡아? 무슨 경찰이 도둑도 못 잡아?"

장수 목소리가 쩌렁쩌렁 울렸어요. 미경이랑 은솔이가 키득거렸어요. 우진이는 얼굴이 발갛게 달아올랐지요.

"특별 운동이 도둑 잡기였구나. 나도 할 거야."

"나도! 산책은 조금 심심해."

이렇게 미경이랑 은솔이가 놀이에 끼었어요. 어느 틈엔지 아이들이 하나둘 더 늘어났어요. 그네 타던 아이도 끼고, 딱지 치던 고봉이도 끼고, 건이는 자전거를 내던지고 끼었지요. 그때마다 장수는 슬쩍 자리를 내주었어요.

"어휴, 온 동네 아이들 다 모이겠네. 이장수 표 대단한 운동이 아니라, 이장수 표 시끄럽고 요란한 운동이네."

우진이가 중얼거렸어요. 그러고는 아이들 틈으로 뛰어들었지요.

'이장수 표 대단한 운동'은 진짜 대단했어요. 장수는 더 대단했고요. 시도 때도 없이 우진이를 불러냈지요.
"김우진! 나와라."
장수는 집에서 출발할 때부터 우진이네 집에 도착할 때까지 계속 소리를 질렀어요. 그 바람에 우진이네 집에 도착할 때는 장수 뒤로 아이들이 줄줄이 붙었어요. 장수 뒤에 고봉이, 고봉이 뒤에 건이, 건이 뒤에 또 다른 아이가 붙었지요. 아이들이 한 명씩 더 붙을 때마다 장수 목소리는 더 커졌어요. 어쩌다 고봉이나 건이가 안 보이면, 집 앞에서 나올 때까지 뭉그적댔지요.
"이장수 표 대단한 운동! 오늘의 메뉴는 줄넘기입니다. 운동마다 길러 주는 힘이 달라서 여러 가지 운동을 하면 좋습니다. 줄넘기를 하면 순발력, 민첩성…… 그리고 또 유연성이랑

지, 지구력을 길러 줍니다. 그리고 계속 뛰면 폐가 늘어납니다. 끝입니다."

장수가 너스레를 떨었어요.

"뭐? 처음에는 잘 나가더니 또 엉뚱한 소리야. 폐가 늘어나는 게 아니고 폐활량이 늘어나는 거라고. 공부부터 좀 하자. 이번에는 '박우진 표 대단한 공부'를 할 차례야."

우진이가 장수 목덜미를 잡아끌었어요. 그 모습을 보고 고봉이랑 건이가 냅다 내뺐어요.

"야! 우리 축구팀은 한 몸이야. 뭉치면 죽고 흩어지면 사는 거라고!"

"그래서 흩어지는 거야. 이따 봐."

고봉이가 키득거리며 달아났어요. 순식간에 모두 사라지고 장수 뒤에는 개미 한 마리도 없었어요. 장수는 울상을 하고 우진이를 따라갔어요.

"배신자들, 의리 없게 몽땅 도망치냐?"

"어이구, 뭉치면 죽고 흩어지면 산다며?

잘 기억해. '뭉치면 살고 흩어지면 죽는다.'야. 공부하면 축구 하고 공부 안하면 축구 그만둔다. 이장수 엄마 말씀! 박우진 표 대단한 공부는 우선 교과서 읽기야. 빨리 읽어."

우진이가 사회 책을 장수 앞에 놓았어요.

"책 읽는 게 뭐냐? 문제 잘 맞히는 방법을 알려 줘야지. 콕 콕 집어서 중요한 것만 가르쳐 주기, 모르냐? 시시하게."

"공부가 뭐 대단한 건 줄 알아? 문제를 풀려면 우선 기초부 터 알아야 하는 거야. 기본은 책을 읽는 거지. 천 리 길도 한 걸음부터. 알지? 빨리 읽어."

우진이가 뒷짐을 지고 장수를 다그쳤어요. 장수가 입을 비 죽였지만 모른 체했지요. 여태 당한 걸 똑같이 갚아 주려면 아 직도 멀었는걸요.

운동마다 길러 주는 힘이 달라

아동기에는 운동을 통해, 심폐 지구력, 근력, 유연성 등을 길러 주는 운동을 해야 해. 어떤 운동들이 있는지 알아볼까?

심폐 지구력을 길러 주는 운동

심폐 지구력은 걷고 뛰고 달리는 유산소 운동을 할 때 버티는 힘을 말해. 유산소 운동을 할 때 몸속으로 들어간 산소는 혈관을 튼튼하게 하고, 심장과 폐의 기능을 높여 줘. 심폐 지구력이 증가하면 더 높은 강도에서도 오랫동안 운동할 수 있어.

달리기 — 전신을 사용하는 유산소 운동이야. 달리면 규칙적인 호흡을 통해 폐활량이 증가해. 폐 기능이 향상되고, 심장 기능도 좋아져. 오래달리기는 뼈를 튼튼하게 하는 데도 좋아.

자전거 타기 — 심폐 기능을 강화해 주는 대표적인 유산소 운동이야.

줄넘기 — 점프하면서 뛰는 운동이야. 다리 전체를 움직이고, 줄을 돌릴 때 어깨와 팔, 손목을 사용하기 때문에 몸의 근력을 길러 줘. 성장에 도움이 되고 골다공증을 예방해 주는데, 계속 뛰기 때문에 심장과 폐 기능에 좋아.

인라인스케이트 — 유산소 운동으로 심폐 기능을 강화시켜 줘. 도구를 이용해서 타기 때문에 발과 무릎 관절에 부담을 덜 주지.

수영 — 심폐 기능뿐만 아니라 근력과 유연성에도 도움이 되는 운동이야. 물속에서 하기 때문에 관절에 무리를 주지 않아.

농구 — 점프나 달리기를 반복적으로 해서 심폐 지구력과 순발력을 키워 줘.

근력과 근지구력을 길러 주는 운동

 근력과 지구력은 근육이 내는 힘이야. 신체를 움직이는 기본적인 힘으로, 물건을 들거나 밀 때 써. 근력 운동을 하면 기초 대사량이 증가해서 적당한 체중을 유지할 수 있어.

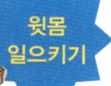 **윗몸 일으키기** — 배 근육을 단단하게 만들어 줘.

 **팔 굽혀 펴기** — 근력 운동 중 가장 기본이 되는 운동이야. 도구를 사용하지 않아도 돼서 아무 곳에서나 쉽게 할 수 있어.

 **테니스** — 힘과 지구력 등을 길러 체력을 키워 주고, 집중력, 의지력, 민첩성도 좋아지게 하지.

유연성을 길러 주는 운동

 유연성은 몸을 곧게 쭉 펴서 근육을 늘어나거나 줄어들게 하는 힘(능력)이야. 관절 주변의 근육을 잘 움직일 수 있도록 도와주지.

 **발레** — 등, 배, 다리의 근력을 키워 주는 운동이야. 자세가 바르게 되고 유연성을 길러 줘.

 **스트레칭** — 몸과 팔다리를 쭉 펴는 운동을 자주 하면 유연성을 기를 수 있어.

국립중앙도서관 출판시도서목록(CIP)

운동이 끔찍하게 싫은 축구왕 / 글: 김미애 ; 그림: 안경희.
— 고양 : 위즈덤하우스, 2014
 p. ;   cm. — (비호감이 호감 되는 생활과학 ; 08)

ISBN 978-89-6247-460-2 74400 : ₩9800
ISBN 978-89-6247-344-5(세트) 74400

운동[생리학][運動] 스포츠[sports]

692-KDC5   CIP2014030900

비호감이 호감 되는 생활과학 08

운동이 끔찍하게 싫은 축구왕

초판 1쇄 인쇄 2014년 11월 5일   초판 1쇄 발행 2014년 11월 10일

글 김미애   그림 안경희   펴낸이 연준혁   스콜라 부문대표 황현숙

출판 5분사   분사장 배재성   1부서 편집장 윤지현
책임편집 김숙영   제작 이재승

펴낸곳 (주)위즈덤하우스   출판등록 2000년 5월 23일 제13-1071호
주소 경기도 고양시 일산동구 정발산로 43-20 센트럴프라자 6층
전화 (031)936-4000   팩스 (031)903-3891
전자우편 scola@wisdomhouse.co.kr   홈페이지 www.wisdomhouse.co.kr
스콜라카페 http://cafe.naver.com/scola1
종이 월드페이퍼   인쇄·제본 (주)현문

ⓒ 김미애, 2014
ISBN 978-89-6247-460-2 74400
ISBN 978-89-6247-344-5(세트)

이 책은 저작권법에 따라 보호받는 저작물이므로 무단전재와 무단복제를 금지하며,
이 책 내용의 전부 또는 일부를 이용하려면 반드시 저작권자와 (주)위즈덤하우스의 동의를 받아야 합니다.
＊잘못된 책은 바꿔 드립니다.   ＊책값은 뒤표지에 있습니다.

스콜라는 (주)위즈덤하우스의 아동·청소년 브랜드입니다.